Inhalt

Branchenreport BAU & IMMOBILIEN Ausgabe 1/2014

Kernthesen

Beitrag

Zahlen und Fakten

Weiterführende Literatur

Impressum

GENIOS BranchenWissen Nr. 05 vom 28.05.2014

Branchenreport BAU & IMMOBILIEN Ausgabe 1/2014

Thomas Trares

Kernthesen

- Die deutsche Bauwirtschaft ist zum Jahresauftakt um über 20 Prozent gewachsen.
- Auch auf den Immobilienmärkten brummt die Konjunktur.
- Der Baukonzern Bilfinger fährt sein Kerngeschäft immer weiter runter.
- Bei den Immobiliengesellschaften befindet sich die IVG in der Insolvenz.
- Auf dem europäischen Zementmarkt entsteht aus Holcim und Lafarge ein neuer Großkonzern.

Beitrag

Die Bauwirtschaft

Die Baukonjunktur brummt. Im ersten Quartal 2014 sind die Umsätze im Bauhauptgewerbe wegen des milden Winters um satte 23 Prozent gestiegen. Deswegen hat die Bauindustrie ihre Wachstumsprognose für das Gesamtjahr auf 4,5 Prozent angehoben. Der Wohnungsbau dürfte um sechs Prozent zulegen. Steigende Zuwanderung und der Zuzug in die Ballungszentren sorgen für Nachfrage. Der Wirtschaftsbau wird voraussichtlich um 3,5 Prozent wachsen. Den öffentlichen Bau werden die von der großen Koalition aufgestockten Infrastrukturgelder jedoch erst 2015 beflügeln. 2013 ist die Bauwirtschaft um 2,5 Prozent auf 95 Milliarden Euro gewachsen. Hier hatte die Rally am Jahresende die witterungsbedingten Einbrüche vom Jahresanfang mehr als wettgemacht. Im Bauhauptgewerbe sind derzeit 770 000 Menschen beschäftigt. Den historischen Tiefstand gab es 2009 mit knapp 700 000 Personen. (1), (2), [Abb. 1]

Die Immobilienwirtschaft

Der deutsche Wohnimmobilienmarkt boomt. 2013 gab es die größten Preissprünge seit zehn Jahren. Das Transaktionsvolumen nahm um 25 Prozent auf 13,7 Milliarden Euro zu. Für Investoren bieten Berlin, Köln und München die besten Perspektiven. Die Gefahr einer Immobilienblase sehen die meisten Experten nicht. Auch der Gewerbeimmobilienmarkt brummt. Die Transaktionen legten dort um 22 Prozent auf 30,5 Milliarden zu. Vor allem Büroimmobilien in Top-Lagen sind gefragt. Die attraktivsten Standorte sind München, Hamburg und Frankfurt. Das gesamte Transaktionsvolumen kletterte im vergangenen Jahr um 23 Prozent auf 44,2 Milliarden Euro. 2014 setzt sich diese Entwicklung fort. In punkto Immobilieninvestitionen ist Deutschland der weltweit viertgrößte Standort. (3), (4), (5), [Abb. 2]

Die deutschen Baukonzerne

Bei dem größten deutschen Baukonzern Hochtief, der seit 2012 zum spanischen ACS-Konzern gehört, beginnen die Maßnahmen der neuen Konzernführung zu greifen. Der operative Gewinn sprang 2013 um mehr als das Doppelte auf 208 Millionen Euro. Die Bauleistung stagnierte bei 29 Milliarden Euro. Konzernchef Marcelino Fernández Verdes richtet Hochtief wieder stärker auf das eigentliche Baugeschäft aus, vor allem im Bereich

Infrastruktur. Zugleich hat man mit dem Telekom-Geschäft der australischen Tochter Leighton, der Flughafensparte und weiteren Services-Aktivitäten Bereiche abgestoßen, die nicht mehr zum Kerngeschäft gehören. (6)

Der zweitgrößte deutsche Baukonzern Bilfinger fährt sein ursprüngliches Kerngeschäft, den Hoch- und Tiefbau, immer weiter zurück. Nur noch ein kleiner Rest soll im Konzern bleiben, etwa der Bau von Windkraftanlagen oder der Stahlbau. Das Geschäft mit den Baudienstleistungen, auf das sich Bilfinger künftig konzentrieren will, verspricht höhere Renditen. Im ersten Quartal 2014 drückten die Kosten für das laufende Sparprogramm den Nettogewinn. Die Leistung bewegte sich mit knapp 1,9 Milliarden Euro auf Vorjahresniveau. Für das Gesamtjahr erwartet Bilfinger eine Leistung von mindestens acht Milliarden Euro. (7)

Der größte deutsche Baustoffkonzern HeidelbergCement ist für 2014 vorsichtig optimistisch. Das absehbar stärkere Wachstum der Weltwirtschaft sollte das Geschäft ankurbeln. Bremsen könnten hingegen der starke Euro. Die Heidelberger sind stark in den USA und Asien engagiert. 2013 trat der Konzern auf der Stelle. Der Umsatz schrumpfte um ein Prozent auf 13,9 Milliarden Euro, das operative Ergebnis verharrte bei 1,6 Milliarden Euro. Mit einem Jahresumsatz von 1,6

Milliarden Euro ist Dyckerhoff der zweitgrößte Baustoffkonzern Deutschlands. Im vergangenen Jahr sind die Wiesbadener vollständig im italienischen Mutterkonzern Buzzi aufgegangen. Der Zementabsatz in Deutschland entwickelt sich insgesamt stabil. Sorgen bereiten der Branche die steigenden Energiekosten. (8)

Immobiliengesellschaften, Immobilienfinanzierer und Immobilienmakler

Die Deutsche Annington ist mit 220 000 Wohnungen der größte deutsche Wohnungseigentümer. Anfang des Jahres hat die Gesellschaft für 2,4 Milliarden Euro weitere 41 500 Wohnungen zugekauft. Operativ steht die Annington derzeit recht gut da. Die Deutsche Wohnen ist durch die zum Jahreswechsel erfolgte Übernahme der Berliner Wohngesellschaft GSW zum zweitgrößten Wohnungsvermieter Deutschlands aufgestiegen. Nummer drei ist nun die Gagfah mit einem Wohnungsbestand von 140 000 Einheiten. Lange Zeit hatte das Unternehmen einen schlechten Ruf, da Großaktionär und Finanzinvestor Fortress das Unternehmen auspressen wollte. Unter dem neuen Management hat sich die Lage nun etwas gebessert. In Schieflage ist dagegen die IVG Immobilien geraten.

Die Immobilienholding führt gerade ein Insolvenzverfahren in Eigenregie durch. Den Aktionären droht ein Totalverlust. (9), (10), (11), (12)

Kaum eine andere Branche wurde von der Finanzkrise so durcheinandergewirbelt wie die der Immobilienfinanzierer. Die früheren Marktführer Hypo Real Estate (HRE) und Eurohypo sind praktisch nicht mehr existent. Die faulen Wertpapiere und Kredite der HRE wurden in die Bad Bank FMS ausgelagert, der gesunde Rest firmiert heute unter PBB Pfandbriefbank. Die Eurohypo heißt inzwischen Hypothekenbank Frankfurt und ist nach wie vor defizitär. Und die WestImmo steht schon seit fast fünf Jahren erfolglos zum Verkauf. Gestärkt aus der Finanzkrise sind vor allem die Sparkassen und die Genossenschaftsbanken hervorgegangen. Im Sparkassenlager soll die Berlin Hyp zu dem zentralen Immobilienfinanzierer aufsteigen. Bei den Kreditgenossen fungiert die DG Hyp als Immobilienbank. Bei den Landesbanken ist vor allem die Helaba gut durch die Krise gekommen, während sich im privaten Lager die Aareal Bank zu dem Vorzeigeinstitut emporgeschwungen hat. (13)

Die Immobilienmaklerbranche ist kleinteilig und relativ intransparent, keines der Unternehmen ist börsennotiert. Größter Vermittler ist die Sparkassen Finanzgruppe. Konkurrenten wie Jones Lang LaSalle, Engel & Völkers und BNP Paribas Real Estate sind deutlich kleiner. Ungemach droht den Maklern derzeit aus Berlin. Bundesjustizminister Heiko Maas will das Bestellerprinzip einführen. Demnach müssen künftig die Vermieter die Makler bezahlen, wenn sie diese beauftragen. Bislang mussten die Mieter für die Maklerprovision aufkommen. In der Immobilienbranche wird bereits über Strategien nachgedacht, das Bestellerprinzip zu umgehen. (14)

Die internationale Bau- und Immobilienbranche

Auf ein starkes Jahr 2014 lässt der Jahresauftakt auf dem globalen Immobilienmarkt schließen. Demnach sind die Investments in Gewerbeimmobilien im ersten Quartal um 23 Prozent auf 130 Milliarden Dollar gestiegen. In Europa gab es einen Anstieg von 14 Prozent auf 46 Milliarden Dollar. Ein beträchtliches Wachstum erzielten Märkte wie Irland, die Niederlande, Spanien und Portugal. Bedeutendster Investmentmarkt in Europa ist Großbritannien, wo mit 4,1 Milliarden Pfund ein neuer Jahresauftaktrekord erzielt wurde. Großen Anteil daran hatte der Verkauf des More-London-Komplexes für knapp 1,7 Milliarden Pfund. Zudem wechselte in London ein Penthouse für 140 Millionen Pfund den Besitzer. Dies ist nun die teuerste Wohnimmobilie Londons überhaupt. Die Bank of

England hat bereits vor dem heißlaufenden Häusermarkt gewarnt. (15), (17)

Darüber hinaus kommt es unter Europas Baustoffkonzernen zu einer Megafusion. Holcim aus der Schweiz und Lafarge aus Frankreich kommen zusammen auf einen Börsenwert von mehr als 40 Milliarden Euro, das ist dreimal so viel wie Deutschlands Marktführer HeidelbergCement auf die Waage bringt. Die Wettbewerbshüter von 15 EU-Ländern müssen der Fusion noch zustimmen. Mit dem Vollzug wird für das Frühjahr 2015 gerechnet. (16)

Nachdem in China die Hauspreise Ende 2013 noch mit Jahresraten von rund zehn Prozent gestiegen sind, kühlt sich der Markt nun ab. Im April zogen die Preise nur noch um 6,7 Prozent an. In 22 von 70 Städten sind die Preise im Vergleich zum Vormonat sogar gesunken. Eine Ursache dafür ist Pekings Politik der Kreditabkühlung. In den USA hat der Immobilienmarkt die Trendwende offenbar geschafft. Landesweit sind die Preise 2013 um 11,3 Prozent gestiegen. Nach 2012 ist die der zweite Preiszuwachs, seit der US-Immobilienmarkt 2006 kollabierte. Der Start ins neue Jahr verlief jedoch durchwachsen. (18), (19)

Trends

Immobilienwirtschaft gegen Mietpreisbremse

Die Bundesregierung will eine Mietpreisbremse einführen. Diese soll die Preissprünge für neu vermietete Wohnungen eindämmen. Wohnungseigentümer sollen demnach bei der Wiedervermietung nur noch eine Miete verlangen dürfen, die um höchstens zehn Prozent über der ortsüblichen Vergleichsmiete liegt. Gemäß der Koalitionsvereinbarung von Union und SPD greift die Mietpreisbremse allerdings nur in angespannten Wohnungsmärkten. Die Mietpreisbremse ist in der Immobilienwirtschaft auf scharfe Kritik gestoßen. (20)

Energiewende hilft Bau- und Immobilienwirtschaft

Die Energiewende wird der Bau- und Immobilienwirtschaft zusätzlichen Schub verleihen. Hohen Bedarf gibt es vor allem bei der energetischen Gebäudesanierung. In den vergangenen Jahren wurden vor allem Mehrfamilienhäuser in den Großstädten modernisiert. Eigenheimbesitzer sind bislang kaum aktiv geworden. Dabei stammen fast zwei Drittel der rund 15 Millionen Ein- und

Zweifamilienhäuser aus einer Zeit, in der es noch keinerlei Vorgaben für den Wärmeschutz gab. Die Bundesregierung will mit dem Projekt "Die Hauswende" auch diese Immobilien in die Energiewende einbinden. (21)

Zahlen & Fakten

Abbildung 1: Umsatz und Beschäftigte im Bauhauptgewerbe 2011 - 2014

Bausparte	Umsätze in Milliarden Euro			
	2011	2012	2013	2014*
Wohnungsbau	31,0	32,5	33,6	35,3
Wirtschaftsbau	33,6	34,1	34,4	35,3
Öffentlicher Bau	27,6	26,3	27,3	28,3
Gesamt	92,2	92,9	95,3	98,9
Beschäftigte	734.000	745.000	755.000	770.000

*Schätzungen Quelle: Hauptverband der Deutschen Bauindustrie Entnommen aus: Börsen-Zeitung, 23.01.2014, Nummer 15, Seite 7 (1), eigene

Berechnungen

Abbildung 2: Immobilieninvestitionen in Deutschland 2005 - 2013

Investitionen	Gewerbe in Mrd. Euro	Wohnen in Mrd. Euro
2005	20,6	14,0
2006	49,5	9,5
2007	54,7	12,0
2008	19,7	4,8
2009	10,3	3,3
2010	18,0	3,8
2011	23,5	6,0
2012	25,3	11,0
2013	30,5	13,7

Entnommen aus: Eigene Berechnungen

Abbildung 3: Führende Zementhersteller 2013

	Umsatz in Millionen Euro	Nettoergebnis in Millionen Euro
Holcim	16.032	1.298
Cemex	15.227	-563
Lafarge	15.198	782

Quelle: Unternehmen Entnommen aus: Handelsblatt Nr. 069 vom 08.04.2014 Seite 014 (16)

Weiterführende Literatur

(1) Bauindustrie startet 2014 mit dickem Auftragspolster Verzögerungen im öffentlichen Bau bereiten Sorge - Euro-Krise schreckt chinesische Wettbewerber ab
aus Börsen-Zeitung, 23.01.2014, Nummer 15, Seite 7

(2) Baubranche wächst schneller
aus NWZ - Neue Württembergische Zeitung vom 22.05.2014, S. 9

(3) Immobilieninvestments legten in Deutschland zu
aus Die Presse vom 2014-02-22, Seite: 57

(4) Teure deutsche Wohnimmobilien - Stärkstes Plus seit zehn Jahren
aus Die Presse vom 2014-02-22, Seite: 57

(5) Immobilieninvestments Deutschland: Risikobereitschaft steigt
aus AssCompact Nr. 02 vom 04.02.2014 Seite 18

(6) Hochtief macht spanische Mutter ACS glücklich

Ergebnis und Dividende steigen deutlich - Eigene Aktien werden eingezogen - Leighton-Anteil soll weiter aufgestockt werden
aus Börsen-Zeitung, 28.02.2014, Nummer 41, Seite 9

(7) Bilfinger gibt den Tiefbau auf
aus Frankfurter Allgemeine Zeitung, 09.05.2014, Nr. 107, S. 21

(8) HeidelbergCement enttäuscht die Anleger
aus manager-magazin.de vom 19.03.2014

(9) Deutsche Annington kauft eine mittelgroße Stadt
aus Immobilien Zeitung Nr. 09 vom 06.03.2014 Seite 6

(10) Höchstes Aufholpotenzial EURO-EMPFEHLUNG GAGFAH
aus EURO, 21.05.2014, Nr. 6, S. 92

(11) Übernahme von GSW zahlt sich für Deutsche Wohnen aus
aus APA-JOURNAL Bauen&Wohnen vom 14.05.2014

(12) IVG Kampf gegen Enteignung DSW kündigt rechtliche Schritte an, weil beim insolventen Immobilienunternehmen Aktionäre sämtliche Rechte verlieren sollen
aus Focus Money, 14.05.2014; Ausgabe: 21; Seite: 64

(13) Neue Tugend Bescheidenheit
aus Immobilienwirtschaft, Heft 04/2014, S. 28

(14) Über Gebühr

aus Frankfurter Rundschau vom 19.05.2014, S. 16

(15) Guter Start ins Investmentjahr
IMMOBILIENTRANSAKTIONEN
aus WirtschaftsBlatt, 18.04.2014, Nr. 4585, S. 13

(16) Fusion mit hohen Hürden
aus Handelsblatt Nr. 069 vom 08.04.2014 Seite 014

(17) Britischer Immobilienmarkt nimmt weiter Fahrt auf
aus Börsen-Zeitung, 20.05.2014, Nummer 95, Seite 8

(18) Chinesen lassen Luft aus der Blase
IMMOBILIENMARKT
aus WirtschaftsBlatt, 20.05.2014, Nr. 4605, S. 9

(19) Wendepunkt am US-Immobilienmarkt
aus Finanz und Wirtschaft vom 05.03.2014, Seite 22

(20) Geplante Mietpreisbremse läuft langsam heiß // Gesetzentwurf aus dem Justizministerium wird von der Immobilienwirtschaft abgelehnt
aus Der Tagesspiegel Nr. 21994 VOM 22.03.2014 SEITE I01

(21) Energiewende im Eigenheim
aus Frankfurter Allgemeine Sonntagszeitung, 16.03.2014, Nr. 11, S. B3

Impressum

Branchenreport BAU & IMMOBILIEN Ausgabe 1/2014

Bibliografische Information der deutschen Nationalbibliothek

Die Deutsche Nationalbibliothek verzeichnet diese Publikation in der deutschen Nationalbibliografie; detaillierte bibliografische Daten sind im Internet über http://dnb.d-nb.de abrufbar.

ISBN: 978-3-7379-5659-8

© 2015 GBI-Genios Deutsche Wirtschaftsdatenbank GmbH, Freischützstraße 96, 81927 München, www.genios.de

Alle Rechte vorbehalten. Dieses Werk ist einschließlich aller seiner Teile – z.B. Texte, Tabellen und Grafiken - urheberrechtlich geschützt. Jede Verwertung außerhalb der Grenzen des Urheberrechtsgesetzes bedarf der vorherigen Zustimmung des Verlags. Dies gilt insbesondere auch für auszugsweise Nachdrucke, fotomechanische Vervielfältigungen (Fotokopie/Mikroskopie), Übersetzungen, Auswertungen durch Datenbanken oder ähnliche Einrichtungen und die Einspeicherung und Verarbeitung in elektronischen Systemen.